图书在版编目（CIP）数据

疯狂时尚 / (法) 爱丽思著 ; 张靓译. -- 北京 :
中国摄影出版社, 2011.6
ISBN 978-7-80236-777-7

Ⅰ. ①疯… Ⅱ. ①爱… ②张… Ⅲ. ①生活－知识
Ⅳ. ①TS976.3

中国版本图书馆CIP数据核字(2012)第136507号

北京市版权局著作权合同登记章图字：01-2012-3734号

书　　名：疯狂时尚
作　　者：[法]香黛尔·爱丽思
译　　者：张　靓

选题策划：赵迎新
责任编辑：杨小华
封面设计：衣　钊
出　　版：中国摄影出版社
地址：北京东城区东四十二条48号　邮编：100007
发行部：010-65136125 65280977
网址：www.cpphbook.com
邮箱：office@cpphbook.com
印　　刷：北京画中画印刷有限公司
开　　本：20
印　　张：9.5
字　　数：150千字
版　　次：2012年7月第1版
印　　次：2012年7月第1次印刷
ISBN 978-7-80236-777-7
定　　价：48.00元

疯狂时尚

CRAZY FASHION

[法] 香黛尔·爱丽思 著
张 靓 译

中国摄影出版社
China Photographic Publishing House

人们总说：时尚就是不断地周而复始，但对某些人而言，时尚首先是持续永恒的酝酿和无限创造的源泉。他们的姓名也许你还很陌生：伊西丝·范·赫本、李相奉、加勒斯·普……他们是女人、男人，法国人、英国人、韩国人、荷兰人抑或美国人。他们是明日时尚的新先锋，是21世纪的伊夫·圣-罗兰、可可·香奈儿、克里斯蒂安·迪奥或亚历山大·麦昆。他们中大多数人还不到30岁，却已在关键时刻才华尽显。这些永不退却的时尚创造者们不断开发着最出人意料的材质：从有机玻璃到气球再到头发，没有什么能将他们难住，这些全都吸引着他们。时尚有时会非常奇怪，但已广泛吸引了新趋势发起人，如Lady Gaga等艺人。著名的可可·香奈儿曾说过：“如不能深入街巷，则不能成为时尚。”对于我们这群邀你一同探究时尚的创造者来说，这场计时赛已经拉开了帷幕。谁知道呢，也许明天你就会穿着充气的章鱼裙，脚踩锯条做的地板鞋，手戴书本造型的戒指，头顶一堆毛绒玩具。因为今时，已然是明日了……

茹艾勒·安德鲁

www.supplii.com

茹艾勒·安德鲁成功地将时尚与环保悄然统一于手包——这一女性青睐有加的配件——之上。不是皮革，亦非复杂的织物，而是使用一种最出乎意料的材质——木材。木质的手包会成为时尚人士的囊中之物吗？

生活在远离巴黎、伦敦、纽约、米兰时尚圈的茹艾勒仿佛是一杯纯净水，没有什么能令她这个本应封闭的小城姑娘在时尚圈中闪耀。直至在建筑学校求学时，茹艾勒才对曲木技术一见倾心。老师要她利用曲木技术制作一把椅子：这对一个大学生而言是个难题，而她也确实失败了，但这却给予了她坚持不懈的力量。她与自己的丈夫决定开始设计木质手包。为此，茹艾勒研习了小提琴的制作技术。经过一年的测试和样品制作，夫妇二人终于成功地研制出了这款纯木质弧线叶状手包。现在有三种样品，每种都可以用核桃树或枫树制作完成。手包的设计样式也尽可能地符合人体工程学，令人携带舒适。每种样品都独一无二，且绝对环保：不使用有毒胶水，如果弃之不用了，手包也是完全可再回收的。某天，可能会有人当街拦住茹艾勒，对她说：他觉得这款手包是如此精致，以至于他希望在百年之后，用这款手包来安放他的骨灰！这确实是一款百分百环保的手包。

工具箱：无提手，枫树木质样品（左图）
工具箱：提手，核桃和枫树木质（对页图）

supplii
supplii

12

皮尔斯·阿特金森

www.piersatkinson.com

皮尔斯·阿特金森以制帽为业。这个纯正的英国人将巨型樱桃、花朵、羽毛、动物标本、扇子或是玩具玩偶堆到了美女们的头上……这些惊人的创作有时甚至滑稽到令芙蓉姐姐都相形见绌！

皮尔斯子承母业，他的母亲是剧院的服装管理员，正是母亲在他幼年时将他引入女帽经营这一行业，他的祖母是插图作家同时也是园艺家。简而言之，皮尔斯的身上有她们的影子。经过学习平面设计和摄影，皮尔斯满怀好奇先后尝试了众多职业，如女帽经营者、时尚编辑、插图画家，甚至还有晚会组织者和DJ等。直到2008年，他才因自己的第一款帽子系列引起人们的注意，该系列帽子受米奇耳朵的启发，用创新、轻佻和幻想来吸引英国人再无须其他。此外，为欧也妮、碧翠丝（约克郡公主莎拉的女儿们）设计在阿斯科特赛马会上佩戴的帽子也是他才有的特权。英国贵族在佩戴帽子时从不乏幽默。皮尔斯的女装小帽也装点了名人：它们可逃不过古怪的Lady Gaga的慧眼，然而同时也深受古典美人凯特·布兰切特的青睐。但皮尔斯却不满足于仅仅是社会名流和时尚编辑的新宠，他同样发布了为Topshop品牌的定制系列，以便他的帽子深入大街小巷。

一切的女王（对页图）

出入平安

玛利亚·克里斯蒂娜·贝鲁奇

www.mcbjewellery.com

如果真如玛丽莲·梦露所唱的那样，钻石是女人最好的朋友，那么在金融危机下女性们何不朴素些，少佩戴些金光闪闪的配饰？在玛利亚·克里斯蒂娜·贝鲁奇的设计下，简单的木质铅笔块也可以成为极为漂亮的手镯。

经过了在罗马美术学校的学习后，意大利人玛利亚有很长一段时间从事着剧院服装管理员的工作，既负责舞台服装，同时也负责舞台道具。玛利亚在此期间开始创作首饰，而且非常迅速地深入到这项创作中。她自学了首饰制作，并与其他艺术家一起合作。之后玛利亚发表了她的个人系列，并以精细的金属叶为起点开始了她的创作。

然而当玛利亚决定开始进行色彩探索，利用彩色铅笔为材质时，她才开始获得关注。是的，正是那些幼年时曾迷住我们，让我们花了数小时去上色玩的简单木质铅笔。因为对玛利亚而言，对生态和自然的崇敬已成为创作的源泉。无限的彩色调色板激发了她的创作灵感：对铅笔进行加工、削凿、切割，用树脂黏合在一起，以求变化造型，转换色彩。一旦经过抛光、粉饰、金属镶嵌，这些原本我们儿时的旧铅笔就变成了圆润光滑的手镯、复古风格的戒指、彩虹般的项链或别针……就如同赋予了这些日常用品新的生命。

玛利亚·布莱斯

www.mariablaisse.com

也许她的姓名并不为公众所熟知，然而玛利亚·布莱斯却是近30年来对时装界影响最大的人物之一。身为艺术家、纺织品设计师的她是一位先锋：经过她那双巧手的设计，服装便成为可使人物升华的雕塑。

舞蹈、戏剧、影视、摄影、设计……凡此种种，玛利亚都尝试过。她也与最著名的设计师合作过，并不断探索艺术创作的各种形式。这位荷兰人曾在著名的美术设计学院阿姆斯特丹皇家艺术学院学习过。20世纪70年代早期，她赴南美三年，学习了传统染色和纺织技术。精通此道使她能够再次拓展纺织创作的极限，因为作为非怀旧主义者的玛利亚想要引发一场服装革命。80年代，她创作的球状气泡引发了关注。日本人三宅一生推出了复古时尚，1988年，欣赏玛利亚的三宅建议她创作一系列的橡胶帽子。对玛利亚而言，这仅仅是材料和形制漫长探索的一个开始。1992年，她参加了美国女歌手宝拉·阿巴杜世界巡回演唱会舞台服装的甄选。氯丁橡胶、泡沫和其他橡胶，她利用了一切能够充分发挥其想象力的材质。这些设计无论从是平面或者立体的角度都比较贴合身体的曲线和运动的变化。

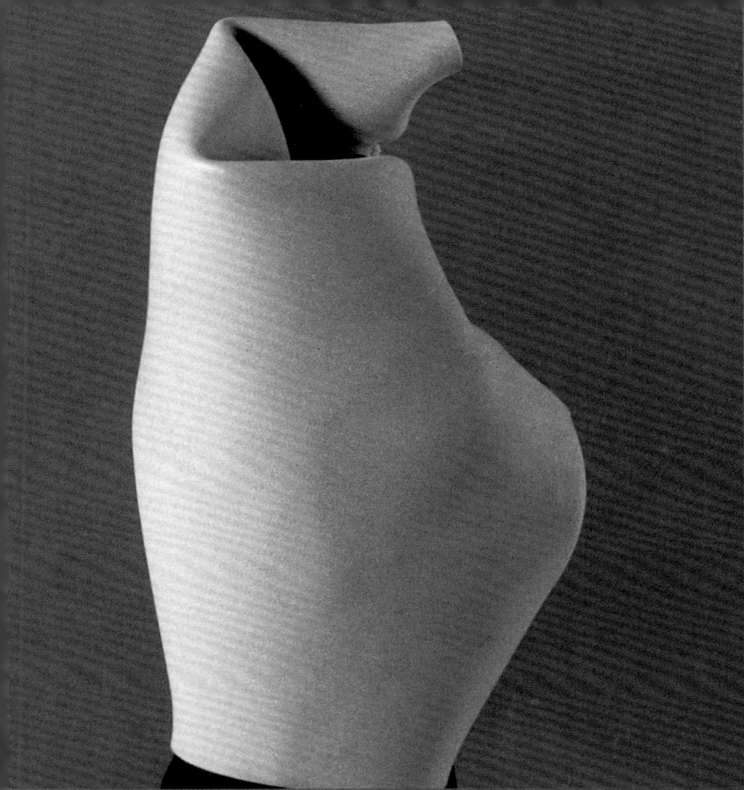
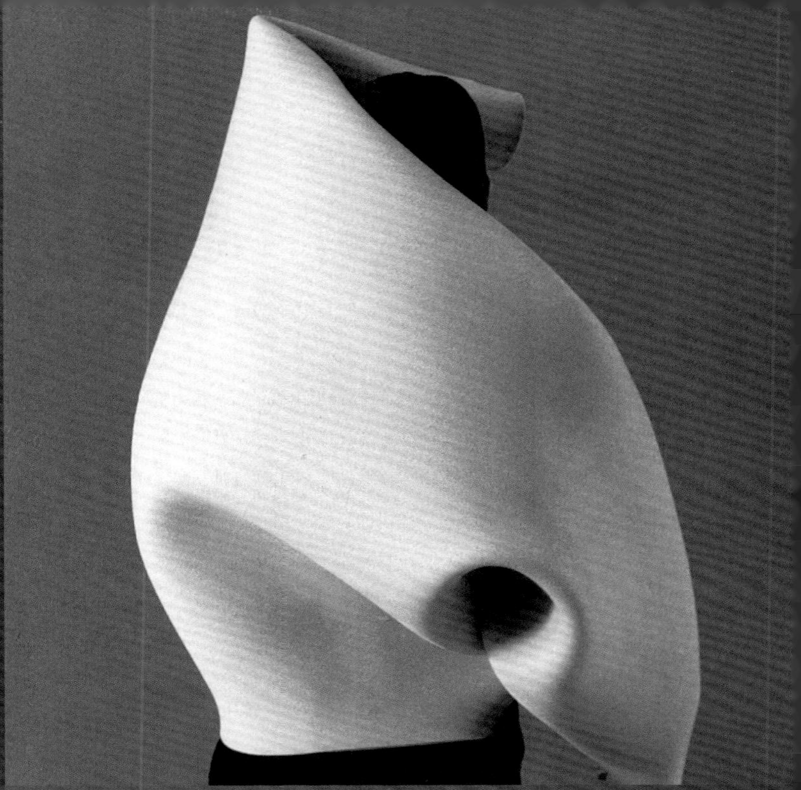

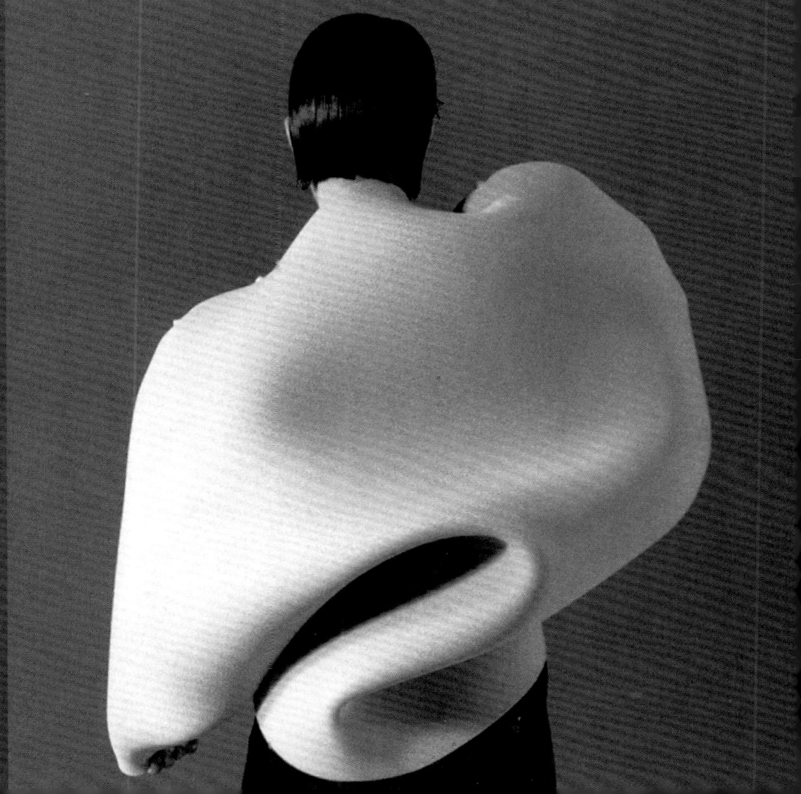

螺旋筒形袖（上图）
球体（对页图）

左伊·布莱德利

www.zoebradley.com

世界上的大品牌都放心地将自己的橱窗交给她来打造。她那些看似脆弱，却精彩、华丽的作品形象，令左伊·布莱德利成为目前开价最高的布景师之一。

左伊得到了良好的培养。学业结束后，她就受雇于时装界的神童之一——亚历山大·麦昆。正是同亚历山大·麦昆一起，她创作了自己的第一批巨型设计形象，这使她一下子就跨入了大品牌的行列。尽管她熟练掌握了缝纫技术，左伊却并非仅凭一针一线而出名。她探索着不寻常的材质，比如透明的木料和再循环的塑料。很快她就发现了自己偏爱的材质——纸张。那是因为左伊成为了折纸艺术的行家，这种日本先人的折叠艺术让她能够实现真正的纸张雕塑：装饰、礼服裙、服装或不可思议的巨型彩色头饰。令人瞩目的工作使她的业务遍及世界各地。左伊为诸如蒂芙尼、路易·威登、哈罗德，甚至哈维·尼克斯等享有盛誉的品牌设计橱窗。和她的设计事务所一道，与著名广告公司合作为时装秀设计配饰。

安德雷亚·卡维斯

www.andreiachaves.com

安德雷亚·卡维斯是一位年轻的巴西女设计师，她决心投身于现代女性最看重的配饰——鞋。她的设计无论在外形上还是材质上都令人感到惊奇，相比那些设计简单的鞋，她的鞋在几何学上更显突出。

五千年前，在现今亚美尼亚的某处出现了第一批鞋。五千年后的今天，女性和鞋之间的情感故事依然延续。马皮鞋、皮条凉鞋、无带低邦鞋、便鞋、薄底浅口鞋……鞋的样式和类型千姿百态、变化万千；而安德雷亚却总能找到全新的材质，她的鞋是真正的艺术作品。这位出生于圣保罗的年轻女性，将大都市的喧嚣嘈杂和悸动不安视为自己创作的源泉。深受混乱的吸引，安德雷亚乐于灵活展现那些出人意料的材质之间的反差及融合。正是在意大利佛罗伦萨，她认真钻研了与设计、平面设计、造型和材质有关的知识。计算精准和立体造型令这位年轻的南美设计师的创作十分精彩。其中的玻璃鞋，如同著名童话故事中的水晶鞋一样，会随着所穿服装和场所地面的变换而反射倒影。而安德雷亚的创造力并不仅限于此，木质、纸质甚至是维可牢（一种尼龙刺粘褡裢），没有什么不能成为她脚下的鞋！

肉色版本透明鞋（左图）

透明鞋（对页图）

金中-威尔金斯

www.kimchoongwilkins.wordpress.com

身穿配有类似豪猪刺的贴身服装，头戴蒙面（仅露双眼）兜帽的套中人，这就是英国年轻设计师金中-威尔金斯的世界！一个满是虐待或受虐的世界，然而这个世界中没有橡胶，没有皮革，有的只是针织，否则怎样才能给祖母们的套头紧身针织衫以突然一击。

不到30岁的金中，已是时尚界的“恐怖坏小子”了。刚从皇家艺术学院毕业，这位伦敦的年轻人就发表了名为“Body bound”的第一个自主男装成衣系列。该系列受到了乔-彼得·威金的有关死亡的摄影作品的启发。这位美国摄影家因其独特、畸形、变性甚至是两性畸形题材，带有病态诗意的肖像摄影作品而出名。金中希望“Body bound”的设计能够符合人的状态，使之处于希望和堕落、吸引和排斥之间。作品中故意展现挑衅性是因为金中认为：当今的男性时装过于中性，他希望与男性魅力“退化”的现状抗争，还之以目眩神迷，惊世骇俗。皮、骨、腱、肉对他而言都只是一块试验场。在这之上，他那些配有巨大尖刺或双肩的惊人创作经针织得以实现。他认为自己的创作极具20世纪70年代的朋克精神，其作品饱含坚硬、咄咄逼人之感，在他的设计既不柔和也不够变通，服装还会给身体带来不适之感。

菲利普·考伯特

www.therodnikband.com

菲利普·考伯特靠创立的“Rodnik”系列针织披肩开启了他的时尚之路。自从他动手在小时尚圈编织之时，就开始逐步破茧成蝶了。而他如何一夜之间成为大师？那是由于他推出了受著名艺术家们启发，用闪光装饰片制成的裙装系列。“Rodnik”系列或许是艺术、音乐和时装的完美结合。

菲利普并未学习过时装设计，但他曾在著名的圣–安德烈斯大学研习过哲学，威廉王子和凯特公主曾是他的同学。在此之后菲利普选择了时装之路，但奇怪的是，他此前甚至从未绘制过婚纱。毋庸置疑，他为了向马塞尔·杜尚致敬，而以男性便池为主题设计的裙子或是那条女性裸体图案的裙子，都会在圣保罗大教堂的通道间产生一定的影响。

菲利普巧妙地将流行艺术文化的纯粹果实融合于艺术、音乐和时装之中，并用适度的诙谐幽默加以润色。他的宗旨是：“改变你看待事物的方式，你所看到的事物即将改变！”正是出于艺术应被大众所接受的考量，菲利普以闪光装饰片为材质绘制了他的维纳斯系列，将大师的薄亚麻织物转变成服装，穿在了女人们的身上，艺术便走进了大街小巷。

菲利普为自己的全部设计都创作了音乐。身为沙漠手枪乐队乐迷的他，给自己的每件作品都写了一首歌，并在走秀时亲自演奏，对于现身于充满想象和轻快之感的短片之中，菲利普从未迟疑过。

TOMATO
SOUP

阿顿·康拉德

www.attonconrad.com

阿顿·康拉德不是设计师，而是一名魔法师。因为他的裙子不用一针一线，仅仅是通过光影的变化来完成。

出生在伦敦、成长于贝尔法斯特的阿顿是一个热衷于科学和数学，并被量子物理深深吸引的孩子。也许是宿命或家族遗传的原因，这位出生在艺术家和演员家庭的孩子最终放弃了科学之路而成为了一名摄影助理。他在与时装大品牌和英国广告界合作的过程中，一边工作一边学习。慢慢地，阿顿找到了自己的出路：由助理成为专业摄影师，并为有朝一日能成为光线大师而自学照明。很快，他因“绘制”模特穿着光线裙的系列照片而引起了人们的注意。而值得一提的是，他的照片并未经过软件的处理，完全是对光线的处理，阿顿运用光线就像画家使用画笔一样。阿顿在远处启动相机，展开光线之舞是为了更好地绘制他的裙子：他的裙子只存在于被艺术家镜头捕捉的瞬间。他用一种独一无二、超现实的效果，借以实现制作时尚感裙子的梦想。阿顿很快便成为光线画的专家之一。这种技艺令他能够为很多大品牌工作，比如路易威登和酩悦香槟，并向他开启了走向著名时装杂志的新篇章。

未来3（左图）
未来8（对页图）
未来1（第38页），明亮未来（第39页）

维多利亚·孔特雷拉斯

www.victoriacontreras.com

西班牙人维多利亚·孔特雷拉斯是位多媒体艺术家，素描、油画、录像、网络、计算机图案设计、程序设计、音乐等等，所有这些对她而言都是创作的材料。作为一位深受现代技术启发的艺术家，她对利用石头、陶土抑或金属创作诗歌却从不犹豫。

有时确定自己的志向并非是什么举足轻重的大事。对维多利亚而言，那只因她少女时代获赠的一件礼物——一块可在上面绘画并可擦写的神奇石板。随着年龄的增长，这位年轻人发现了计算机这位新朋友。从瓦朗斯大学毕业后，她开始教授绘画并探索所有的艺术形式。她绘制油画、木炭画，甚至是三维动画，对维多利亚来说这些作品都围绕着同一个主题：人类的存在及其赋予生命的意义。首饰制作自然地延伸了她的设计。激光剪切的项链或耳环，恰如诗意般的一个个小雕件。借用几首著名诗人的佳作和她最为钟爱的名言警句，她绘制了阿拉伯风格的图案，制作了念珠和其他（佛教和印度教的）曼荼罗。因为在她看来，最美的文字同样也能像珠宝一样熠熠生辉。由于每件作品都是由维多利亚纯手工制作的，因此都倍加珍贵且独一无二。

关于智慧（左图）

马卡多名言（对页图）

ni el pasado ha muerto
ni esta el manana
ni el ayer escrito
Hoy es siempre todavia
A. Machado

马勒斯·德·鲁德

www.marlousderoode.nl

马勒斯·德·鲁德在她的背包设计中大有作为！这位年轻的荷兰设计师在对女性配饰进行发明再创造方面毫不犹豫。她那如诗歌般惊艳的手包样品也大获成功。

她设计的手包、背包、单肩包、手提包、超大包、皮夹、迷你包、钱包、褡裢和桶形包等等，打破了我们对皮包认识的局限性，此前我们会自认为见过、设计过的即是皮包形式变化的全部可能。而且，马勒斯还找到了其他有待开发的空间。在研究人体及其比例的同时，年轻的女设计师设想她的皮包将会适应甚至是接合人体。为什么不携带她系在上臂和手腕间的那款皮包，或是介乎衬裙和子弹带之间，像腰带般系在胯部的皮包？抑或为什么不戴着那款顶在头上同时也是新款配饰的帽子包？正是在这种与人体的互动之中，马勒斯的皮包才显露了无限可能，令人全然不觉古怪，而是像花园野餐超大包般实用且富有诗意。一只巨大的包，全部打开就会变成一朵大花形状的盖布，在花季的田园中无比优雅，人们可以用来摆放野餐食物……她所有的设计都是独一无二、手工制作的，在制作中充分尊重传统手工技法，并极其注重细节。

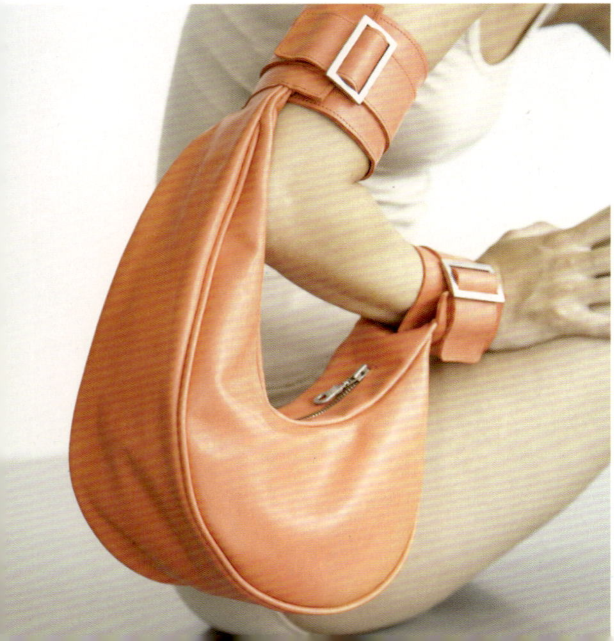

带着她的故事（左图）
比目鱼型胸针（对页图）

带着她的故事背带包（上图）

购物万岁头冠（对页图）

玛阿提·迪科斯彻

www.maartjedijkstra.com

有两种设计师：一种面向过去并希望能超越过去，一种面向未来并想象时装的明天。玛阿提·迪科斯彻无疑是深受未来启发的设计师。通过她今天的设计，我们已经能够看到明天了！

年轻的玛阿提从荷兰安恒的时装学校一毕业，便开始在亚历山大·麦昆的设计室做起了实习生，在那里她培养了自己对时装的品味，这种品味令她敢于尝试各种极端。玛阿提随后又与“亲密”项目合作，该项目由荷兰设计室罗斯格德和V2实验室开发。这样她实现了自己的第一件生产线样本——“白色亲密”，一条渐变成透明的裙子，裙子的透明程度可根据穿着者的意愿进行变化。

她全新的系列“反射澳洲魔蜥”花了两年时间精工细作，最终成为10件雕像般的样品。年轻的时装设计师从小小的澳大利亚棘蜥身上获得灵感，这种棘蜥多刺，亦被称为“带刺的魔鬼”，奇怪的外皮布满深色的鳞片，肚皮虽然脆弱，却熠熠生辉；她创作选材丰富，包括：皮革、丝绸、人造革和玻璃。玛阿提现在只差一场能够认可其怪诞创作的时尚秀了。

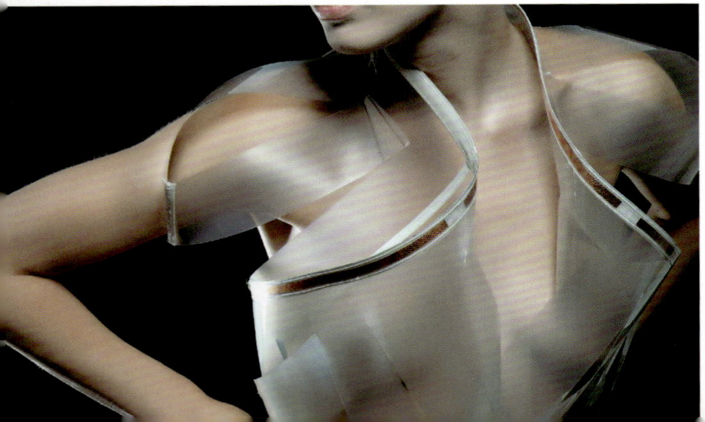

白色亲密（左图）

“反射澳洲魔蜥”系列（对页图及第48-49页）

安可・多玛斯科

www.mcc-style.com

安可・多玛斯科有点像时装界的“GPS”，这位年轻的德国设计师刚刚推出了一种基于牛奶蛋白的纺织纤维！牛奶，对皮肤既柔和，对环境又无害。

安可由身为女帽经营者的祖母抚养长大，并在很早的时候就培养出了对时装的兴趣。但童年的安可还有另一种爱好——科学。在这两者之间，她的内心曾左右摇摆，最终她决定学习生物学，但她也并未忘记自己对服装的兴趣。毕业后她就迁居到了东京，并开发了自己的T恤系列。而沉睡在她内心的科学精神再度觉醒，曾研究过微生物学尖端科技的安可对衣物的结构很感兴趣。如何才能创造一种布料，既像丝绸一样柔和，又很便宜，而且污染要特别小？于是，安可发现可以用牛奶蛋白作为原料来制作布料。这种手段曾在20世纪30年代被发现过，但随即便被遗忘了。安可，在与德国布莱姆一家实验室的合作下，即将成功开发出这种21世纪的牛奶纤维——一种触感柔和、抗过敏，并且和丝绸一样柔和，不需要任何有毒溶剂，对环境污染非常小的布料。生产1千克的这种布料只需不到2升水，而生产同等重量的棉布则需要1万升水。

凯瑟琳·达斯汀

www.kathleendustin.com

凯瑟琳·达斯汀是一位因聚合陶土作品而闻名于世的美国女艺术家。从30岁起，她就创作了众多晚宴手包，这些手包相较于一般的配饰更像是艺术作品：真正的小饰品，既实用又富有诗意。

儿时的凯瑟琳曾梦想成为爵士乐钢琴师，并周游世界。她的母亲则希望她成为一名画家。正如所有子女一样，都不希望自己的母亲为难，凯瑟琳在发现自己的真实兴趣前，都在认真学习，然而一次黎巴嫩的研习之旅令她真正了解了自己的兴趣所在——聚合陶土。在贝鲁特度过了一年后，她明确了志向。随后，她获得了雕塑和陶瓷的文凭，并成为使用这种材质创作的先锋。但对凯瑟琳来说，她的作品在展架上展出结束后总会落满尘土，而对此她也无能为力。于是她决定将美学与实用相结合来进行晚宴手包的设计。在凯瑟琳雕刻并将其送进烤箱加热前，聚合陶土是一种既坚固又轻巧的材质。深受多次旅行的启发——她曾在土耳其、沙特阿拉伯生活过，游览过俄罗斯，凯瑟琳开始在她的包上复制文艺复兴时期妇女的图标、图案甚至是圣体画。而令她出名的却是她那个自然主题系列：豆荚、种子、球茎、洋葱、青草、花瓣、树叶、苔藓……所有自然元素都被如此地放大表现出来。在凯瑟琳看来，这些可爱的精工细作都是为了那些风格已定的女性设计的，她们已经准备好肩背一只引人注目的洋蓟包，同时也是一款在晚会结束后，可以在家中独自欣赏的手包。

玫瑰花蕾手包（对页图）

茴香花豆荚，闭合状态（上图）

茴香花豆荚，开启状态（上图）

种子豆荚钱包开启状态（第56页）

繁盛的红花钱包、仙人掌钱包、百日菊蓓蕾钱包（第57页）

帕沙·盖瑞耶什

www.parshagerayesh.com

是金子就会发光。帕沙·盖瑞耶什就是最好的例证。刚从时装学校毕业，年轻的设计师就被时装界发现了。

帕沙虽然年仅20多岁，却已有多年的培训经历了。经过在伦敦时尚学院的艺术和设计培训后，他便到威斯敏斯特大学进修，该校因培养过同样出名的设计师维维安·韦斯特伍德和博柏利的克里斯托弗·贝利而驰名。刚刚毕业，帕沙便凭借足以令评委感到目眩神迷的展示获得了“时尚革新奖”。“评委认为帕沙的作品是真正的创新，重新创造了剪裁和印色手法”，一位评委如此称赞这位“时尚界的布莱恩·伊诺”。实至名归的赞誉如潮而至：设计师为使服装更好地适应身体，不断探究着曲线和形态；裁剪专家称：他进行了物理材料的声效研究。学术性的新技术令帕沙能够实现出色的剪裁，身上紧绷的裙子仿佛甲胄一般，服装好似漂浮升空那样。创新性、技术性、纯粹性、独创性，在未来的几年内帕沙·盖瑞耶什将会令人们对他津津乐道。

娜塔莉亚·戈门索罗

www.metalnat.com

出生于乌拉圭，现居纽约的娜塔莉亚·戈门索罗是一位首饰雕刻师。在她的手中，戒指变成了书籍、拉链或是挂锁。

向意中人赠送何种首饰才能向他（或她）表达自己的爱情呢？有些人通过收到首饰的大小来衡量感情，而另一些人则更加浪漫，他们认为雕刻在金属上的词汇更能长久地述说爱情。“爱之戒”便是为后者设计的：一件由四个可转动圈环组成的银戒，极尽简约抽象。根据当天情绪的意愿，转动它时，不同的词汇就会出现：爱情、吻、永远、更多、大大的吻……这只简单的“爱之戒”是朴实无华风格的例证，非常的精致，娜塔莉亚本人如是定义。女设计师从身边的色彩和几何造型上获取灵感，从祖国的壮美自然，到地球的地平线，娜塔莉亚将每件首饰都视为可携带的雕刻品。如果说“爱之戒”是银质的，娜塔莉亚同样在黄金、玻璃、珊瑚，甚至是塑料上创作，视情趣将其融合，以制成奇特的项链和新颖的戒指。

爱之戒（对页图）

非对称戒，腰带型婚戒（第64页上图）

D型项链（第64页下图）

玛利亚戒指（第65页）

LOVE

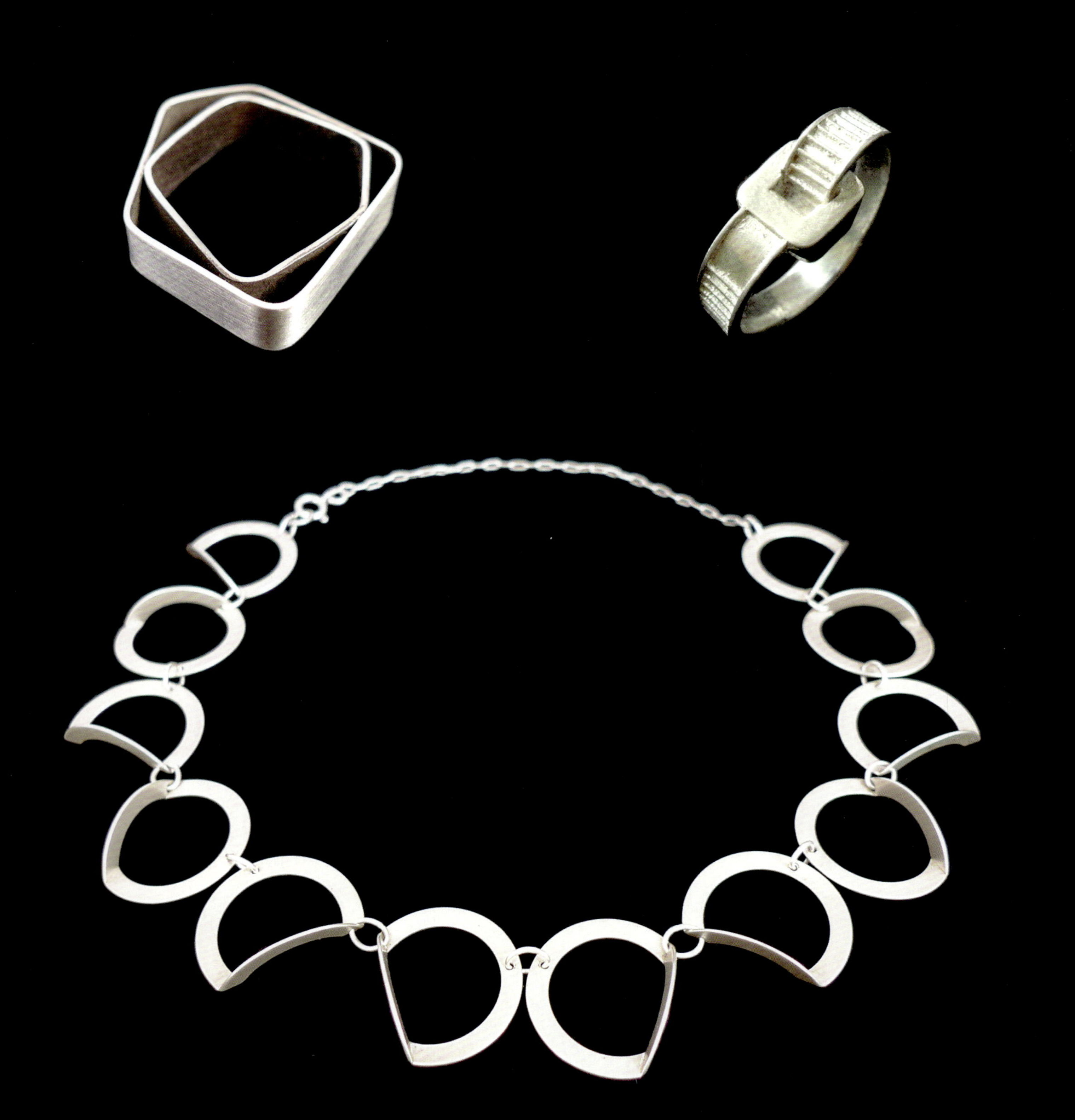

迈克尔·古列尔米和汉娜·露丝·乔娜森

www.diffusdesign.dk

谁说时尚是无价值的？说这话的肯定不是迈克尔·古列尔米，也不会是他的搭档汉娜·露丝·乔娜森。对于这两位沉迷于设计和技术的丹麦人而言，时尚同样可以用来唤醒人们的社会意识。

一条抗污染的裙子能吸引你吗？不能。无法想象一条以麻帆布制成的外形简约的裙子比一条满是闪耀刺绣和技艺的礼服裙更能吸引人，于是诞生了一款“气候套裙”——裙子内部缝制了用导体特别制成的细线，以维持数百个极小的LED灯泡在空气中所含的二氧化碳达到一定数量后点亮，以上过程都由一台微处理器控制。根据二氧化碳的含量，光线或明或暗、慢闪或频闪。裙子闪烁越剧烈，意味着空气污染越严重。

他——迈克尔，建筑家；她——汉娜，艺术史学家，两人建立了丹麦“弥漫”公司，以研究、设计建筑和新媒体之间的相互作用以及影响。在他们看来，核心问题是如何创造能够适应我们日常生活的智能材质？答案他们已经找到，即要将时尚与新技术相结合。在原型的状态基础上，“气候套裙”很快将能变为现实。怀抱着同样的期许，设计师们刚刚创作了太阳能手包，用点缀在外的传感器贮藏光亮进而从内照明；在阳光稀少珍贵的国家里，在包内拥有一定含量的阳光，是一款既实用又讨喜的照明装置。

太阳能手包（左图）
气候套裙（对页图）

朱利安·哈克斯

www.hakes.co.uk

他曾是一名建筑师，并且建造过跨越公路和河流的大桥。将大桥变为我们脚上所踏之鞋，英国人朱利安·哈克斯迫不及待地跨越两者之间的差异，为此虽步履艰辛，但终于打造出一款名为“莫吉托（一种传统古巴饮料）”的奇特的鞋！

一切都始于一个深夜，在他的建筑事务所里，团队的其他成员都走光了，朱利安突然灵感闪现。他抓住了一段有黏性的带子，将其一点点地缠绕在自己的脚上，而这就是上天给他的启示：在脚跟与脚尖之间不是形成了一座“桥”吗？于是这位桥梁专家将自己的第一款鞋投入了生产。原型刚刚揭开面纱，就被大众所迷恋：一双潜在的鞋，引来了不少于10万人的参观及评论！自此之后，“莫吉托”才真正地面世了。制作在一段材料之上，“莫吉托”就像剥开的柠檬皮那样缠绕在脚上—— 这便是它名字的由来——为了达到既优美又舒适的效果。

“莫吉托”在全球进行销售。由混合材料制成，它色彩鲜艳，仿佛上了釉。从此，朱利安变为了鞋上建筑师。为了使鞋能够像F1赛车般轻便，他幻想着竹制、木质甚至是碳纤维材质制成的样品。他的理想不止于此，他同样准备了眼镜、首饰和手包等系列。至于桥嘛，就要多等等了！

LONDON

奥丽维娅·汉森

www.olivia-hanson.com

相当“膨胀”的奥丽维娅·汉森！这位年轻的英国设计师令所有有幸参加她首秀的观众都颇感惊奇。这是一个由充气和狂想礼服占据的简单而有趣的世界。

显然，伦敦威斯敏斯特大学的设计系里尽是天才。继帕沙·盖瑞耶什之后，奥丽维娅成为2011年这所知名大学新增的另一位崭露头角的设计师。她还因其毕业作品合集造成轰动。章鱼连衣裙或是巨大的充气橡胶手套等丰富多彩的设计，深受杰夫·昆斯的启发，非常有趣且富有创造性。奥丽维娅从不加以掩饰：她已经获得卜派（美国卡通影片大力水手的主角）展会的入场券，卜派是美国著名艺术家的作品，其充气玩具颇受人们喜爱，进而成为创作素材。她的作品怪诞出奇，但这位年轻的设计师毫无疑问地将自己视为艺术家。即便我们无法想象在晚会上将自己打扮成塑料短吻鳄，而她的设计还是能够在白天穿着，因为每位女性都具有某种幽默感和时尚感。奥丽维娅曾为众多时尚界的大牌人物（如亚历山大·麦昆、迈宝瑞、甚至是贾尔斯·迪肯）工作过，现在她已经准备好了投入一段新的冒险之旅——首饰系列的设计。

长颈鹿（左图）

鳄鱼皮（对页图）

佳里·哈维

www.garyharveycreative.com

佳里·哈维是生态女装礼服的教皇！在他的手中，不使用新的材料，而之前废旧的材料也并没有浪费，全部转化为设计，这便是时尚人士乃至全球最大的幸福。

佳里是时装界真正的专业人士：一串如同手臂长的简历，特别是有着在欧洲指导牛仔裤李维斯品牌创立的10年经历。佳里本可以继续沿着这条成功之路走下去，但他对于自然的钟爱将他引向了另外一条道路——生态女装。这位来自伦敦的设计师实际上希望将时装与生态相结合，以提高我们对消费习惯的认识。这一切都始于一次和竞争对手的较量，那次他完成了一条由42条李维斯耐久牛仔裤制成的礼服裙。佳里于是决定继续实验，并用能再循环的一切材料来设计晚宴礼服，包括用麻布袋、报纸、小啤酒瓶、金属瓶盖、纸盒、博柏利雨衣、军装外套和夏威夷风格衬衫制成的裙子等等。这些为现代女性设计的礼服怀着对环境的担心和忧虑。在延长服装或是日常消费品使用寿命的同时，佳里的创作并不乏精彩和美学效果。

安迪·辛特雷格和派瑞·帕特拉斯兹维斯基

www.andiandperry.com

安迪·辛特雷格和派瑞·帕特拉斯兹维斯基都是神奇的“剪刀手”。他们不是将头发一剪为二，而是将它们弯曲、粘贴、膨胀以使它们成为艺术品。

红色、金色、棕色，短发、长发，直发、卷发……这些都不是发型变化的无限可能性而仅仅是头发不同的自然状态！作为力量和权力的象征，头发向来都占据着一种特殊的重要作用，无论对何人，无论是在何时，一头浓密的秀发无疑是一种充满诱惑的特征。所有发型控们（特指将各种头发视为吸引力的人，而并非是针织爱好者）都会对安迪和派瑞双人组的发型创作甚为敏感。派瑞是一名波兰裔的英国发型师，在他遇到安迪之前，就早已习惯了为走秀和拍摄工作设计发型，而安迪也怀揣着超越头发本质的梦想。于是，安迪和派瑞双人组便诞生了。他们精彩的发型更像是雕塑和艺术作品，而不再是祖母那一代的大波浪。完美的技艺令他们能将光滑的头发变为满头蛛网般细密的小辫子或是多彩喷气推进器般的帽子。在他们手中，秀发变成了头部的饰物、光滑头顶上的精彩装饰。他们的想象力如野马脱缰般奔驰，不容争辩的技法使头发成为整套服饰不可分割的组成部分。

赛拉·胡德

www.sarahhoodjewelry.com

出生于西雅图的美国年轻女设计师赛拉·胡德，以田园为灵感设计首饰。她将质感冰冷的金属和有机生命材料相结合，制作迷你的植物艺术品。

赛拉热爱园艺、植物和壮丽的风景。这是一种热烈的情感，她的这种热情同样延续到了首饰设计中。于是这位年轻设计师希望将她的这两种爱好结合起来，创作出与自然相联系的首饰系列。由此，植物、种子、苔藓、球茎或是香料在她的手中都变成了珍贵的宝石，用来装点手镯、耳环、戒指或者项链这些令人惊讶的纤细精美的作品。有时植物会被连壳一起佩戴，有时种子或香料则被装在短颈大口瓶、试管和小玻璃瓶中，制成迷你艺术品，成为她想象中项链上挂的珠宝。一个满是诗意和柔美的世界，不禁使人联想到童话故事中的小矮人和精灵的幻想森林。这是一项建立在生命和自然脆弱上的工作：当我们佩戴着赛拉的某些作品时，就得准备好接受它们将变成尘埃的现实：介于生命与雕刻、昙花一现与永恒之间的首饰。

树木项圈2号（左图）
橡树戒指（对页图）

景观样本戒指，试管中的景观样本戒指（上图）

萨尼贝尔岛戒指，棕榈树戒指（上图）

细贝里枝

www.riehosokai.com

日本人细贝里枝是一位不同于其他时装设计师的人。他不用一针一线，只使用一种单一的材料——薄膜气球，来制作礼服。在她那魔法师般的手中诞生了众多既有空气感又有膨胀感的作品。

她是艺术家、雕塑家抑或是时装设计师？细贝里枝是一位集以上身份于一身的人。在发现气球艺术并决定用它制作高级时装前，她主要以花店开始谋生。因为有了她，我们还能感受到儿时过生日时，用薄膜气球制作动物的情景：这是一款美丽却昙花一现的艺术作品。在最终实现前，一切都要预先考虑清楚，绘制出来。全部气球都是可再循环的（因为细贝里枝是生态环保主义者），为了更好地操作，她选择那些椭圆形且小的气球。借助打气筒，细贝里枝熟练地搭配着每个气球的大小和密度。进行组装时，针线则是绝对禁止使用的，需借助水平和垂直的巧妙交错，在气球之间相互打结。但一切都需要非常迅速地完成，因为气球的主要缺点便是保持其最佳膨胀度的时效仅有24个小时。她以“黛茜气球”为品牌的作品卖到2000至13000欧元，吸引了众多的灰姑娘，而她设计的婚礼裙才是她系列创作中真正标志性的作品。

凯里·霍蕾

www.kerryhowley.co.uk

对凯里·霍蕾来说给自己弄一个满头白发并不是难事！这位英国艺术系的大学生刚满23岁就以用头发制成的第一个首饰系列取得了轰动！

设计师们让我们对使用各种材质来实现首饰设计习以为常，如金属、玻璃、黄金、白银、皮革、棉毛、羊毛、亚麻……但谁又能想到有朝一日用头发来做原料呢？然而，凯里就在自问何谓吸引力（或厌恶感）的时候，有了这样的想法。有什么能比一头飘逸的披肩秀发更具魅力呢？而又有什么能比一把盥洗室存水弯里残留的头发更令人感到恶心呢？将这两种反差呈现在眼前的时候，凯里便有了重新赋予已脱落头发第二次生命的想法。为了获得原材料，她鼓动自己母亲以及朋友们来与她合作，而她们也非常乐意将自己剪下来的头发提供给她。为了把它们转化成轻盈的项链，凯里从缎纹织造的挂毯图案中获得灵感。柔和、奇特的作品为她赢得了室内建筑博物馆为表彰创新和卓越而颁发的亚瑟银奖。可是，却没有人告诉我们这些项链是否会令女性的脖子发痒。

玛丽·黄

www.rhymeandreasoncreative.com

玛丽·黄来自洛杉矶，是一位充满想法的年轻女设计师，其作品充满着时尚感，并将创新与科技相结合了起来。

当还是一位设计系大学生的时候，玛丽就因其名为“韵与缘”的迷你系列，而引起了大家的关注，该系列既充满技术性又富有诗情画意。主要是想，使用光线作为创作纺织品的材料。这就是为什么一条钩有花卉的棉纺白裙和一条女士针织长披肩会装配有20多盏LED灯泡。每个人都可以根据自己的心情，白天或者黑夜，来进行选择点亮这些灯。当裙子和披肩不再穿时，便可以拥有第二次生命：它们可不会沉睡在壁橱中，而是变为照亮房间的电灯，或是在你熬夜阅读时柔和的小夜灯。这个独特的想法给玛丽插上了梦想的翅膀。现如今居住在纽约的她正在继续探索时装的新道路，因为玛丽想推倒时装与成衣之间的屏障。她最新的创作——著名的“小黑裙”是一款适合于大众，能进行量体裁衣的应用软件。实际上，这款应用软件，借助于一个能实现三维裙装模型的软件，让我们可以根据自己尺寸进行剪裁。其基本原理是立体组合。在不到一分钟的时间内，无需任何绘画能力，人们都能创作出在外形上具有一定未来感的裙子，并且完全合身。

哈夫斯特恩·朱利森

www.hafsteinnjuliusson.com

哈夫斯特恩·朱利森生长于有着间歇喷泉、火山和北极光的国度。爆炸性的自然环境激发了他的创作。

哈夫斯特恩是个满怀幽默和想法的冰岛年轻人。可以肯定的是，生于这样一个火山岛上，促使他决定将设计与生态相结合创作一个“绿色”首饰系列。“成长中的珠宝”采用将园艺与珠宝工艺相结合的方式，把白银打造的戒指和项链变成可以生长苔藓植物或青草的迷你园林。一种专为我们这样总是幻想在身边拥有一小块青枝绿叶的城市人打造的饰品。如果在你的内心充满诗意，你可以送给自己一枚指节铜环，给这个残酷的世界注入一点点的温柔。但要注意的是，如果你希望手中常绿，就要记得定期为你的小首饰浇浇水，让它能尽量长久地生长。这位活跃的设计师，并不满足于首饰行业，还有轻革皮件、照明器具、珠宝业等等，他的想法遍布所有领域。同样，他还发明了笔记本电脑的“睡睡包”，这款包不仅能够用于携带笔记本电脑，还能作为抱枕让人在使用间隙小睡一会。

迈克尔·堪佩

www.michaelkampe.com

迈克尔·堪佩年仅25岁就已决心投身到时装材料领域。爆炸性的设计令这位年轻的德国设计师的才华和幽默感尽显。

想要推翻男性时装的准则显然要付出巨大努力。让-保罗·高缇耶就曾用他专为男性设计的裙装进行过这方面的尝试，但一般情况是一旦涉及男性衣物，设计师们都会变得畏首畏尾。迈克尔却不是这种人。事实上这位设计师已经决定打破男性四季服装现有的一定之规，设想出了一款名为“Exploded View”的都市时装。在该款设计中，他将男性时装的重要经典作品打破原有结构，并加以变形。应该好好看看迈克尔对那些旧腰带、西服，甚至是大衣都做了些什么，这样才能更好地理解他的灵感之源。他有些作品像是可以用于印刷的巨幅照片，设计比较夸张。所以说，迈克尔的作品是介于艺术和服装之间。年轻的设计师自认为深受社会发展、网络和新型交流方式的影响。现如今，迈克尔开始利用粗厚的斜纹棉布创作，先要进行统一生产和漂洗——这些环节可以进行量产，最后再由他进行加工，这样才是做到了真正的独一无二：每一条牛仔裤或外套都由比利时的一家小工作室漂洗和生产，并由设计师本人进行不同的加工处理。

章鱼斗篷（对页图）

川村真司

www.masa-ka.com

虽然川村真司从未接受过任何设计或时装培训，但如果一个人的内心想成为一名设计师的话，任何事都难以阻止。对于这位在日本出生，现居美国的好动之人，创作题材广泛，任何东西都可能成为他的创作素材。

工作中川村真司是著名的new-yorkaise广告公司的创意总监。但在业余时间里，他制作图书、计算机应用软件、音乐甚至是小电影。他定义自己是个工作狂——曾为了创作项目而坚持五天不眠不休——也因自己的奇思妙想而受益颇多。

在他的众多设计中，川村真司创作过一款T恤系列。这一想法萌生于他从平面设计使用术语中获得的灵感：字体、字符、粗体、字面都是用于描述每个字母的形式。也许每个字母都有自己的特性，既然这些术语能够用于表述字母，同样也可以用于描述人体，因为每个人也都是独一无二充满个性的。由此，川村真司便在海维提卡（瑞士体）或巴斯克维尔字体下，努力寻找那种可以用于穿在身上的字母。在与米永至的合作下，诞生了五款清一色的、符号化的黑色T恤，将那些我们熟知的字母外形和学名穿在了身上。当我们脱下这些T恤的时候，根本不用整理，它们自然就变成了富有装饰性的造型。

桶形服装（对页图）

从左至右：海维提卡体、卡斯隆体、巴斯克维尔体、邮件体（第100-101页）

J

T

T

穰二小岛

www.jojikojima.com

锁子甲、骷髅头、兔子牙……穰二小岛巴洛克风格的小世界满是这些古怪异样的东西，这位日美混血的设计师总是创作一些令人惊愕的作品——那些会令人脊背发凉的首饰！

这位1986年生于加利福尼亚的年轻人，15岁的时候就开始创作了他的第一批“首饰”样品。他在日本多摩大学进行设计、摄影和平面设计学习的同时一边继续工作。刚出校门，他就创立了用自己名字命名的同名品牌。完全信任专业人士的Lady Gaga没多久就注意到了年轻的穰二小岛。在2006年，当他还是Yoshiko Creation Paris品牌助理时，就设计了Yoshiko B-612——一顶小阳伞造型的帽子。女歌手、怪诞女王和流行趋势搜寻者——Lady Gaga选择了这款样品，并在一次日本之行时佩戴了它。从此以后，她就成为这位年轻设计师的最佳代言人之一：在画册《名气怪物》的封面上，她就佩戴着穰二小岛创作的“锁子甲”面具。高悬着头骨（设计师自己头骨复制品）的戒指、镶嵌着珍贵珠宝和钻石的面具、用下颚关节制成的面具……显然，设计师是受到了死亡和冥界的灵感启发，他从非洲文化中汲取养分，并用施虐（或受虐）世界的法则进行表现。半巴洛克、半拜物教的大胆创作正向时尚界招手。

佩戴着面具的Lady Gaga（对页图）

滴落面具（第104页）

覆盆子（第105页）

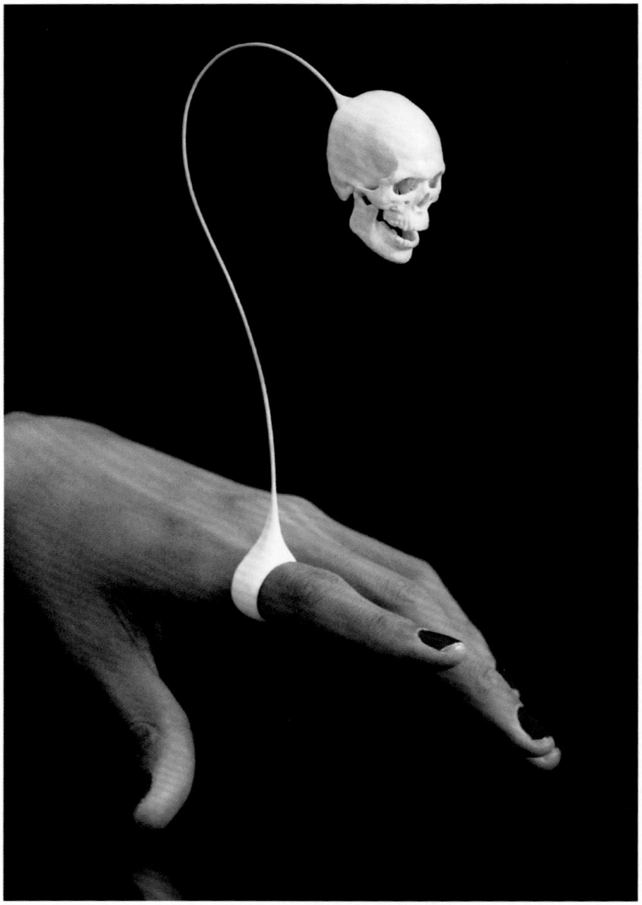

舞动的骷髅（上图）
骷髅面具（对页图）

琳达·科斯托维思科、汉得·阿凯莉和缪拉·科希吉特

www.the-t-shirt-issue.com

三位柏林年轻设计师将他们的才华和对于时尚的热情汇聚在了一起。而他们的共同目标是创作属于新千年人的T恤！

T恤是一个人全部衣服的“基础”。紧身内衣出现于19世纪，那时人们将连身服的上下分离穿着在内，直到20世纪才发生了重大的变革。某些无畏的人有了将私密公开的想法，将原本的内衣变为时装整体的一个组成部分，T恤便由此诞生。很快，T恤有了各种颜色和图案，变得个性化、定制化。但一说到造型，却永远都是一个领口、两个袖口。怎样才能重新设计我们衣物中这种过分简单的单品？琳达·科斯托维思科、汉得·阿凯莉和缪拉·科希吉特给出了答案。被多边形萦绕多时，这三位年轻人想到了将多个三角形组合来创作三维立体模型。他们的第一个设想受到狼孩故事的启发，为了创作“狼”，一件灰色轻纱T恤只需调整揉皱的程度，就像纸一样，再加上一个仿佛在肩头休息的狼头。依然是建立在三角形的基础之上，其他视觉概念也已经问世了，诸如黑色鸟翅形衣袖的T恤，照片中这样的衣袖展开来就如同意欲飞翔般。介乎于诗歌和建筑之间，这间德国工作室的作品也同样倾向于“可穿戴的”造型，尤为明显的就是他们的“1／10”系列：10件从外形看来都极为基础的T恤，依然是由多边形组合而成的，却极为贴合人体结构。

N.419狼（对页图上部1、2、3）

N.379眩晕（对页图下部1、2、3）

迈布里奇设计

罗宾·莱塞和爱德丽安·鲍

www.robinlasser.com

她们不是时尚设计师而是艺术家。罗宾·莱塞，一位摄影、摄像师与造型艺术家，同时还是加利福尼亚圣何塞大学的艺术系教授。而爱德丽安·鲍则出生于旧金山，是一名摄影师。这两位艺术家创作了一系列不那么令人感到意外的作品。

女性的裙子下到底隐藏了些什么？随着先人这个问题的提出，罗宾·莱塞和爱德丽安·鲍就想到了要围绕对女性描画的幻影来进行创作。两位艺术家如是说：男人或是孩子，全世界的人都梦想着从女性的裙下掠过。罗宾·莱塞和爱德丽安·鲍便设想出多款巨大的裙子，使每个人都可以从下面掠过，发现这个隐藏的世界，于是便诞生了“蓬蓬裙”——一个允许诙谐地探索女性幻影的系列：“大地母亲”变为了野餐蓬蓬裙，“自然母亲”是温室蓬蓬裙，“庇护母亲”则是伪装蓬蓬裙……为了让生动的画面吸引路人，她们毫不犹豫地将自己的作品拿出来在户外展示。艺术家们就这样在提哇纳——墨西哥与美国间的边境小城，展示了她们的伪装蓬蓬裙。观众受邀从这款古怪的边防军裙下掠过，以满足一下窥探的好奇心。自2004年推出这一系列艺术作品起，这两位年轻的女设计师就不断地增加她们有趣的作品。

冰雪女王——严寒避难所（对页图）

野餐蓬蓬裙（第124页）

上图：温室蓬蓬裙；中图：大地母亲伪装蓬蓬裙；

下图：叶卡捷琳堡摄影机观察蓬蓬裙（第125页）

查理·勒·敏都

www.charlielemindu.com

波尔多人查理·勒·敏都刚满25岁就已经赢得了国际声誉。所有的巨星都争抢着他那些由头发制成的轻质作品。

在很小的时候，查理·勒·敏都就沉醉于浴室中摆弄他那些芭比娃娃，给它们梳头、理发。尤其是，他还喜欢顶着一头假发在自家的走廊里闲逛。这种行为举止可能会令很多人为他担忧，而他的母亲却不会。敏都的母亲甚为宽慰地说：他儿子的未来可是有保障了，小敏都命中注定将会成为一位伟大的发型师。而时间最后也证实了一切。从巴黎到柏林，敏都在各地的发型沙龙都留下了自己的痕迹，这之后在伦敦真正地实现了他在艺术上的起飞。正是在这里，他创造了“高发饰”概念：一种用真发或合成发制作的疯狂发饰。他积极倡导假发的强势回归，并将其用在精彩的秀场上。假发这种用毛发制作的配饰曾在20世纪六七十年代甚为流行，却早已陈旧过时了，目前仅限于在医学界使用。在敏都的手中，假发再次变得趣味感十足，充满节日气氛，它能变成帽子、小阳伞、裙子、外套、长筒靴……这些全随敏都的疯狂创意来定。而他也再度完善了他的60年代朋克风格。如今那些大牌明星都纷纷请求敏都为她们创作，碧昂丝、Lady Gaga、皮驰斯·盖尔多夫，甚至蕾哈娜都是他的客户。有目共睹的成功并未令这位不乏幽默感的年轻人侧目，我们建议你上他的官网上去看一看。

2012年“Charl' de Jouy”系列（左图）
章鱼——2011年DCA公司（对页图）

2012年“Burka Curfew”系列（对页图）
2010年系列（上图）

科比·里维

www.kobilevidesign.blogspot.com

科比·里维是位富有狂热想象力的以色列年轻设计师。热爱皮鞋的他创作了众多怪诞新颖的样品，那些都是真正引领时尚的潮流！

它们分别被命名为花、口香糖和舌头……这些从外形上看起来异乎寻常的鞋子都诞生在科比·里维的幽默感之下。对这位年轻的设计师而言，鞋的外形是他创造力强加给自己的一种形象。而似乎也没什么能比将想象力的边界尽可能地扩展来得更让人振奋了！经过在耶路撒冷比撒列艺术与设计学院的学习，他转而将日常生活中的物品制成怪诞、独特的皮鞋。正是这样，一次在市场的散步便诞生了一款小轮车鞋，或者看到孩子们在公园玩耍就设想出了一款滑梯鞋，或者某次因祖母对她所养猫咪的探访衍生了喵呜鞋的创作，一段儿时游戏的记忆便成了投石子鞋，甚至是“踩着香蕉皮滑倒”这样的表达都赋予了他脚上穿着一根香蕉的灵感……我们还没说到他的某某系列，该系列能令我们联想到年轻人的悸动晚会！他的目标是全部的幻景，在特拉维夫的工作室中，经由科比亲手制作，鞋子在此处变为了真正拥有生命的雕塑。在为大品牌做设计师的同时，科比也创立了自己的品牌。他那些满是幽默感的作品，成为世界上（特拉维夫、耶路撒冷、东京、维罗纳、圣埃蒂安、柏林……）众多展会中的展品。

120滑梯（上图）
香蕉（下图）

金色志向（左上图），盛满咖啡的瓷杯（右上图）
市场：手推车（左下图），口香糖（右下图）

母女（左上图），吹动（右上图）
喵呜（左下图），弹弓（右下图）

碧嘉·迈克查伦

www.chromatgarments.com

穿鼻环、画眼线、长波浪发，碧嘉·迈克查伦保持着哥特艺术风格的外表，这点我们从她的作品中也可见一斑：女士露肩胸衣、紧身胸衣、笼子裙……这只古灵精怪的小鸟刚刚27岁就凭借着名为“色彩”的品牌在时尚界一飞冲天了。

没有什么原因能真正令碧嘉掉进时尚这个圈子。生长于弗吉尼亚州一座因循守旧小城的这位年轻的美国姑娘，离秀台还有很长的一段路要走。这位被时尚深深吸引的年轻姑娘并非从设计开始自己的学习之旅，而是从建筑开始学习的。对她而言，建筑才是真正的灵感之源。她的参照是巴黎的乔治·蓬皮杜中心，其金属结构、彩色管道和表面的机械楼梯，无不证明所有那些我们习惯隐藏起来的东西都可以被展示出来。在时装上也是同理，为什么不能打破内外的界限呢？深植莎士比亚时期服装的烙印，碧嘉在大学服装工作室担任裁缝时，就对女士紧身胸衣、衬裙和其他箍形裙情有独钟。于是继让-保罗·高缇耶之后再次诞生了笼子裙，让-保罗·高缇耶是碧嘉经常参考的大师之一。裙子、紧身衣、内衣，或头饰……这些符号化、哥特风、情色的作品被女歌手妮琪·米娜发现并在台上穿戴。碧嘉还在Etsy（美国一家在线销售手工工艺品的网站）网上少量销售自己的作品，一直梦想着有一天能为自己的偶像冰岛女歌手比约克设计演出服。

露西·迈克·雷伊和巴特·赫斯

www.lucyandbart.blogspot.com

她——露西·迈克·雷伊，澳大利亚人，舞蹈家、建筑家和形体专家。他——巴特·赫斯，荷兰人，不断探索着摄影、时尚和技术的极限。当她和他相遇时，就产生了“露西和巴特”，两人在不协调的创作中倒也相得益彰！

Lady Gaga总是领先于流行趋势，早就倾慕于巴特·赫斯的才华。应该说他这个为了少数特立独行且先驱派人物而打造的世界，就只能吸引这位话题女王。露西和巴特的联合也在情理之中——露西是一位为了赋予一种介于时装与表现间的独特艺术体验以生命，而有时会将自己整个身体覆盖在别针下的艺术家。露西和巴特实际上分享着对于操作和变化的热爱。他们丰富的想象力诞生了为未来的男人或女人打造的第三类礼服和服装。在他们的“萌芽”项目里，身上覆盖着苔藓，由木质叶片制成半身保护层，全身丑陋地装饰着一块块嫩草，甚至颜色和形状会随着皮肤接触而产生变化。处于时装与科幻之间，他们的纺织作品也许会令人脊背发凉，却永远蛊惑人心。

爆炸视觉之二（左图）
滴落的颜色（对页图）
“萌芽”第一天（第130页）
“萌芽”第八天（第131页）

杰里米·梅

www.littlefly.co.uk

英国设计师杰里米·梅对首饰和文学有着疯狂的热情。他的天赋和才华就在于将这两者结合起来。

我们每个人都有自己偏爱的书籍，这些书是我们的精神食粮，鼓励和慰藉我们的心灵，令我们终身难忘，如《傲慢与偏见》《三个火枪手》《雾都孤儿》《爱丽丝漫游奇境》《苦儿流浪记》《海底两万里》和《追忆似水年华》以及其他作品。既然文学能给我们带来愉悦，那为什么不把它们制成可佩戴的首饰呢？身为书籍爱好者的英国艺术家杰里米于是就有了将喜爱的图书变为戒指、手镯、耳环或项链的想法。杰里米设计了一种巧妙的分层过程，这让他可以直接按照所希望图书的厚度来切割首饰。首饰从切割机中取出来就变得有光泽了，然后再将其嵌入原首饰中。一种原创的呈现方式会成为独一无二的礼物，同时也是一种使首饰远离关注和灰尘的良好保存方式。虽然无权进行这些口袋书的选择，杰里米却有自己的方法：书的版本—— 通常是些文学经典（文字优美的著作）；至于首饰，则外形既简洁又经典。得益于杰里米具有天赋的创造感，今后我们可以在手指上戴着枕边所爱之书到处走动了。

COMPANY
EW YORK

马科·密塔诺夫斯基

www.markomitanovski.com

惊人的创作介乎于哥特风格的戏剧服装和施虐（或受虐）用具之间。年轻的塞尔维亚设计师马科·密塔诺夫斯基“哗”的一声闯入了时尚界。欢迎来到他充满诗意与邪恶的世界！

只需一个系列的作品就能让世人了解马科的才华，他的第一个系列诞生在2009年的伦敦时装周。这个同年毕业于贝尔格莱德设计学院的年轻人以一场惊艳的走秀实现了真正的大师之作。他那名为“迈克白夫人”的系列，展示的是深受伊丽莎白时期启发的式样，掺杂了朋克和施虐（或受虐）狂两种风格。身着皮质或胶质系带紧身胸衣的时装模特在T台上闲庭信步，她们的发型被梳成了鹿角形，有着半巫婆半女性宿命的迈克白夫人，于一次饮酒纵乐的晚宴后在森林中被引入歧途。这场秀非常轰动，作品的照片被各大时尚杂志纷纷转载，传遍世界各地，而马科本人的穿戴也迅速被众多外形挑剔的女歌手们效仿，如帕洛玛·费斯、凯蒂·玛露或是摇滚乐队Skunk Anansie的女歌手皮肤（德博拉戴尔）。Lady Gaga也选择马科的作品作为她“名气怪物”巡演期间的服装，在杂志封面拍摄时穿着他的设计，甚至是在情色和恐怖电影中只穿一条带刺的裤子，戴着双魔爪手套。马科说：他首先会从文学作品中汲取灵感，但同样也源于雕塑、自然、禽鸟等等，这些内容在转变为服装前，他会先将它们杂乱地保存在一份档案之中。

2010年伦敦时装周“迈克白夫人”系列（第135-137页）

克莱尔·娜亚和阿诺德·苏利尼亚克

www.origamijewellery.com

他曾在金融业供职，而她曾是新闻工作者。他们大肆挥霍着对于折纸艺术的热情，这不是问题，阿诺德·苏利尼亚克和克莱尔·娜亚如今可是一家首饰品牌的创始人。

一切都始于一个下着冬雨的周日，一场朋友间的聚会，一位手巧的日本朋友教授了阿诺德和克莱尔折纸的入门技法，并对他俩大加赞赏。这个夜晚改变了他们的人生之路。虽然这两位法国年轻人一直以来都被创作深深吸引，但他们各自在不同的领域白白浪费了这么长时间。而且克莱尔的问题是：她从来找不到自己喜欢的耳环。于是这两位年轻人便很快就有了想法。"折纸珠宝"品牌就这样诞生了：还原传统折纸技艺的仙鹤、小狗、兔子和其他动物造型的首饰。最初，这两位设计师尝试使用纸张进行创作，但很快他们意识到应该使用诸如白银那样更为坚固的材质来给他们的想象力提供自由创作的空间。折纸是一门复杂的艺术，克莱尔和阿诺德定期会去日本，他们在那里购买折纸艺术专利，这些专利日后成为他们创作的基础。每年他们都会推出新的主题系列，而如今他们的产品也行销欧洲、中东、日本并准备进攻美国市场。这些珍贵的首饰有耳环、长项链、袖扣、手镯和最新的戒指。所有的产品都是纯银、包金（镀金的银器）或是（用火枪）轻微着色的银器。

能登夫妻

www.shi-ki-sa-i.com

能登夫妻（日语Noto Fusai）很相爱，并且都热爱茶道和设计。他们将自己的才华和创造力致力于手绘T恤，并将T恤这种最基本的时装元素变为现代艺术作品。

能登先生是一位毕业于金泽凯迪帕森设计学校的日本年轻设计师。正是在这所学校里，他遇到了后来成为能登夫人的美代。如果说他们的事业——在重新相遇并诞生了自己的品牌shi-ki-sa-i前，能登先生曾在一所佛学院教授历史并同时参加了乐队确实略微走了些弯路的话，那么能登夫人则一直专门研究女装和青少年服装。他们的精神导师安迪·沃霍尔曾教导他们换一种角度观察身边的世界，就会产生全新的维度。于是经由他们富有创造力的头脑和巧手，就诞生了绘有日常生活中最平凡事物的白色T恤，如篮球筐、电线杆、百叶窗等等。是的，这样也许能令某些人满意，而另一些人则会因在简单的图案上添加一些真实的效果而满意，诸如篮球筐的篮网，一根可以拉升T恤上百叶窗的绳子可以更好地展现身体曲线，或者是一根铝制小链连接着用来堵上浴缸的塞子。而这对夫妇的另一位偶像——马赛尔·杜尚，这位艺术家曾证明幽默也可以是艺术探索的一种表现形式。

利德·佩帕德

www.rpencore.com

利德·佩帕德非常喜爱动物，以至于将它们作为项链、耳环或手镯随身佩戴。她是一位将首饰和动物标本剥制术融合的美国古怪艺术家。

通过动物标本剥制术，我们了解到鹿头或其他狩猎战利品会在散发霉味的老房子里落土。谁会想到18世纪诞生的这种用稻草填塞动物的技术能用来制作首饰呢？而利德就将它变成了一项专利。这位居住在伦敦的美国艺术家就给了那些已经过世的动物们新生命，它们并不是什么漂亮的金丝雀或者会唱歌的夜莺，她更喜欢田鼠、家鼠、乌鸦、鸽子等那些通常不被喜爱、总是被追捕甚至是消灭的动物。于是一只鸽子的翅膀就变成了发卡，一只丑乌鸦变身为一个钱包，田鼠成了项链上挂的珠宝，或是两只普通家鼠成了头箍。利德会将它们摆成一种惊人的姿势，就像它们是被活捉了一般，并随眼缘用些斯特拉斯铅玻璃或是水晶（玻璃）加以装饰。我们可以想象一下，当我们打开自己小白鼠钱包准备付款时，那个面包店老板会是什么表情！而对于那些觉得随身携带一只死动物有些困难的人，利德也设计了一些更为含蓄的作品，如镀金鸽爪的袖扣，或是迷人的金制小骨头项链。对艺术家而言，这些21世纪的浮华应该可以消除围绕死亡而存在的种种禁忌。佩戴由死亡动物制成的首饰是对它们表示敬意的最高形式。

奥马尔·安琪·佩雷斯

www.omarangelperez.com

这位美国艺术家以一种旁人无可匹敌的巧妙手法处理木料。奥马尔·安琪·佩雷斯在不损失木质的情况下赋予了鞋以精彩的生命。

奥马尔的艺术感承袭自他的父母：他的母亲是一位画家，他的父亲则亲自给他制作所有玩具。毫无疑问，对奥马尔而言长大后的他将是一位艺术家。经过在休斯敦大学学习设计与平面艺术后，他选择了自己的道路——木质设计。他自学了细木工。异国木料的气味、颜色、肌理都令这位自学的设计师深感陶醉和惊叹。在奥马尔看来，木质设计是艺术表现的极致：从设计方面说是智力劳动，但同时也是体力劳动。处理木料是一项颇费体力的工作，当进行具体切割、雕琢、抛光的时候需要极为专注。三五十年后，他可能会成为本国颇受追捧的家具制造商。而他的鞋才会真正令他蜚声国际。实际上，奥马尔设计了一系列名为“小剑”的鞋：超高的鞋跟、薄底浅口皮鞋或凉鞋——某些鞋跟高达20厘米——真正的足上雕塑。这是一系列探索盲目崇拜时尚、讲求时髦，甚至有些施虐或受虐者世界的鞋。奥马尔说，他很想向所有忍受痛苦穿着这种鞋跟皮鞋的女士致敬。如此牺牲理应得到这位艺术家的尊敬，由于这些作品本质是为了摆放在博物馆供人欣赏，并非为穿着而进行的设计，因此强烈建议不要穿着它们去散步。

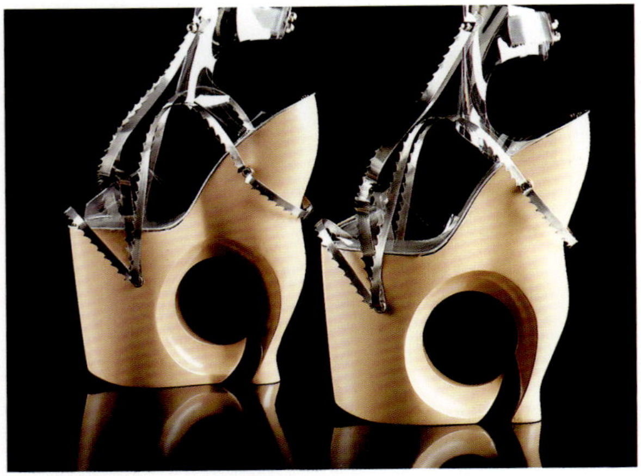

摇篮（左图）

“我的鞋正在谋杀我”（对页图）

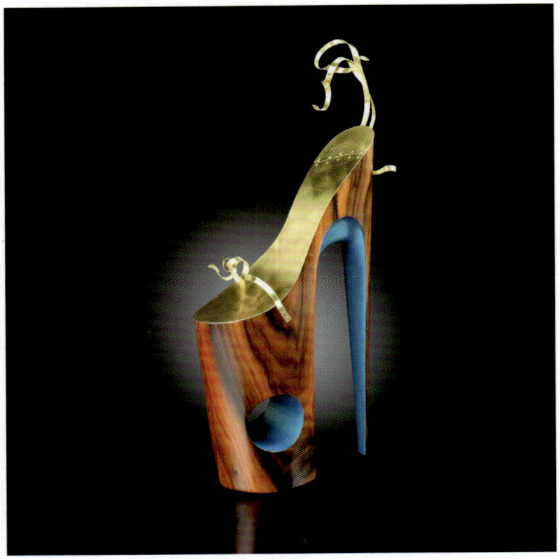

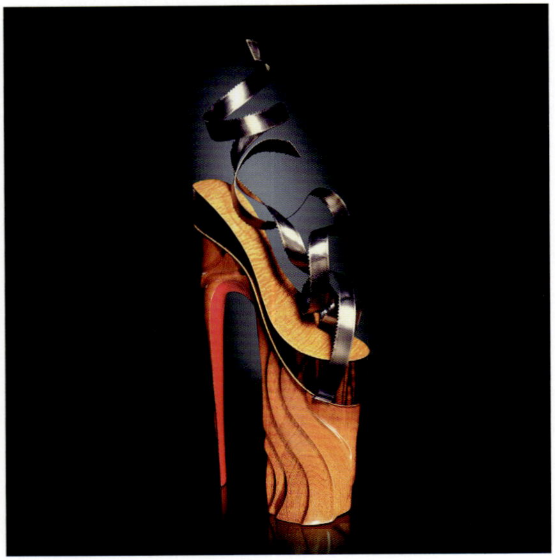

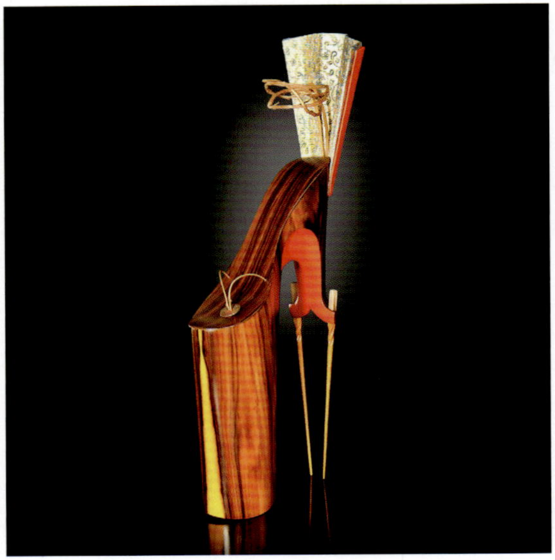

反面乌托邦（左上图），WERK靴（右上图）
空虚（左下图），蝙蝠女（右下图）

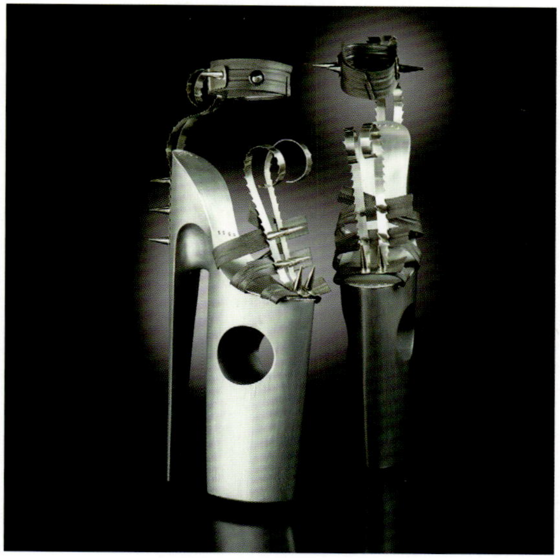

凯洛琳（左上图），阿祖拉（右上图）
莱西（左下图），泰西（右下图）

加勒斯·普

www.garethpugh.net

加勒斯·普是时尚界的红人。这位英国年轻人几年前在时尚界还是一个默默无闻的无名小卒，现在却已经以他奇特古怪、结构变形的设计征服了整个时尚界。

加勒斯刚满14岁就开始为一家剧团做服装管理员。20岁时，他考入了著名的伦敦圣马丁学校，一家名副其实的时装设计师“工厂”。加勒斯从他借助气球制作的服装或发光的礼服裙的毕业秀开始就引发了各方关注。那些惊人的创作成为英国著名时尚杂志《Dazed and confused》的头版。仙女们很快便开始对这位年轻人青睐有加：设计师瑞克·欧文斯将其收归门下，时尚女魔头安娜·温图尔也把他列为重点培养的新人，凯莉·米洛、碧昂丝甚至Lady Gaga都是他的粉丝。“地下”设计师加勒斯对三维立体情有独钟，在他看来，反形体和反自然的几何造型令他能够创作出令人出乎意料的作品。加勒斯深受科幻世界的启发，他的品牌还停留在制作充气服装上。他想象宽肩、阔臂的未来派外形女性偏爱黑白两色，排斥彩色。他设计的服装具有中性美。这位年轻人特别注重自己的时装秀，通常这些秀是一场真正意义上的即兴表演，巧妙地组织、导演，甚至有时仅仅就是一个提前录制好的版本。

温德・雷恩斯特拉

www.winderienstra.com

符号化、创新和富有灵感，这就是温德・雷恩斯特拉的时装风格。年轻的荷兰设计师在自己位于乌特勒克的住宅工作室中，用惊人的材料创造了众多充满设计感和先锋意识的样品。

出生在这样的家中，雷恩斯特拉无法逃避她的命运：父亲是平面设计培训师，母亲是针织品女王，祖母是画家。可以说对年轻的温德而言，未来之路早已拟定好了，被服装所吸引的她决定成为一名设计师。毕业于乌特勒克大学，在她结束学业前就已经发表了自己的第一个系列。这位年轻女性很快就引起了时尚界的注意，她的作品充满建筑风，使用了很多此前不太会被用在服装上的材料。比如，她用激光裁剪胶合板以制成礼服裙或者用玻璃甚至是纸板制作鞋。温德力图将时装和艺术的边界拓展得更为宽广。身体对她来说就是个雕塑，而服装为其带来尊敬，尽管可能穿着起来有些不太舒适。作品的规格和几何造型不断变化，因为温德喜欢表现视觉或触觉上的反差：丝绸的柔和和明亮能够提亮木质的紧身胸衣。她将折纸技艺运用在了对丝绸的处理上，她的时装看上去既轻柔又坚硬、既传统又又现代、既单纯又复杂。

安东尼·罗赛

www.anthonyroussel.com

介于乌木家具和首饰之间，英国设计师安东尼·罗赛的作品给人留下纯粹和简朴的印象。他的作品优雅、精彩，而为人却很低调。

安东尼成为首饰设计师完全是偶然，或者说完全是由意外引起的。因脊椎问题动手术，安东尼有好几个月都不能活动。正是那时，他发现了德国艺术家瑞贝卡·霍恩围绕人体的创作。安东尼于是决定自己也投身到这些与身体相联系的创作之中去。他的首饰将会是可佩戴的饰品。从最初开始，这位英国年轻人就摆脱了传统首饰行业法则的束缚。对他来说，决不使用珍贵材质，轻薄、结实、坚固的木料才是他的原材料。安东尼使用各种木料，这些木料都是他从世界各地收集来的。而且他特别在意，只和重视环保的供货商合作，他所使用的颜料和胶水也都是生态环保的。安东尼将传统与现代相结合，以一种他发明的方法用激光裁切木料。他在制琴行和铁匠铺学习过基础技术，还自学过最新的数字技术并获得过创新奖。他的灵感来源于何处？英国或哥伦比亚曲折的海岸线，这些我们从他戒指的设计，流畅、细腻的曲线中可见一斑。

李相奉

www.liesangbong.com

绰号韩国的亚历山大·麦昆的李相奉喜爱表现传统与现代的反差，使女人犹如刚从亚洲科幻电影中走出来一般。

条条大路通时尚，李相奉就是最好的证明。这位韩国年轻人最初是在自己的国家学习表演。但后来他发现自己根本就无法踏足舞台——他有舞台恐惧症，最终有一天，他离开了。在一次偶然的机会，他看到了一则小广告，后来考入了一所时装学校。我们无法确定，是不是戏剧界放走了一个天才，但可以肯定的是时装界赚到了一个人才。自从1993年他的第一个系列诞生以来，就成为韩国时装界的红人。很快，韩国时装界对这位年轻的设计师而言变得有些小了。2002年后，李相奉在巴黎创立了一种具有未来感、立体感、几何感、尺寸夸张的时装。由于酷爱科幻题材，李相奉通常是从电影或文学作品中汲取灵感。身为剪裁大师，他还受脊椎的启发，毫不犹豫地引用“沙丘”或“变形者”作为参考，设计了一款褶皱裙。在他看来，女性就是一种外星生物，他还为Lady Gaga和古怪的韩国女星Kiméra等提供服装。他也是织物的魔术师，利用他发明的神秘技术创造了彩色诗意印花布和许多特殊布料。

柏柏尔·索辟波尔

www.berbersoepboer.nl

毕业于阿姆斯特丹实用艺术与设计大学的柏柏尔·索辟波尔是一位出身冰岛的年轻设计师，也是一位很有理想的女性。处在这样一个越来越国际化和标准化的世界中，她希望使每个人都能拥有自己的风格。为了对抗时装的统一性，定制和DIY万岁！

生活是一种选择，这也许是荷兰女设计师柏柏尔的座右铭，同时也引导着她的每一步。这位年轻的女性决定加入与量化生产和时装疯狂的更新节奏之间的抗争，有时时装变化得如此之快，还没来得及给人们留下印象就已经过时了。以她之见，时装应该是探索可能之地的一种形式，应该独一无二，通过随着欲望变化发展的服装表现自己的个性。由此，柏柏尔因其“可上色的裙子”获得了注意。与平面设计师麦其尔·舒尔曼合作，她想到了这条彩色毛毡纺织裙，每个人都能根据自己的意愿在它上面着色。你还将看到一款世界上独一无二的专属于自己的发明。在同样的灵感下，柏柏尔创作了“可替换的衣服”——一个由三条多彩印花裙的组合。每一条裙子都由许多小布块组成，布块间用小纽扣连接，可随意调换，组成不同的形状和图案。泳衣也没能逃脱她那特立独行的想法，设计师刚刚发明了以黑色和彩色色块为基础的解压泳衣，可以视心情和阳光拆掉色块露出皮肤，不过要当心，别晒出了格子形黑斑！

可上色的裙子（左图及对页图）

泳衣（上图及对页图）
移位裙（中图）

阿里茜亚·斯普利-赞佩蒂

www.alithiaspurizampetti.com

某些人将她视为日本创作大师山本耀司的心灵之女。今年28岁的阿里茜亚·斯普利-赞佩蒂已经创立了一个非常个性化、符号化和诗意化的世界。

阿里茜亚是著名的中央圣马丁学院的奇才之一。这位生于圣地亚哥，长于罗马的意大利年轻人，为继续在这所梦寐以求的英国学校的学业，搬到了伦敦；深受日本艺术的启发，她的毕业首秀就引发了轰动。阿里茜亚极具结构的剪裁令人不禁回想起了20世纪50年代，彩色在无处不在的黑白两色上留下强烈的标注，符号化的线条曲线极为贴合身体；如你留意过20世纪50年代的杂志和日本浮世绘，就会发现其中的联系。阿里茜亚定义自己的作品是“电击后的杰奎斯·菲斯”风格。请看这条超显身材的3D效果花型腰带，巨大的三角形花边饰圈或是一个巨大的花束面具，会使身上的紧身缎子裙更显神圣。这位设计师特别注重有关头部的造型，会为像猫般神秘的女性创作半日本、半威尼斯风格的作品。极富诗意的设计为她赢得了大奖，也并没逃过时尚女皇玛丽亚·路易莎犀利的双眼。而她最大的自豪是，不到30岁就已经在伦敦的维多利亚和艾尔伯特博物馆举办过展览。她目前供职于华伦天奴。

菲利普·崔西

www.philiptreacy.co.uk

菲利普·崔西以制帽为业。这位英国最为知名且最受瞩目的女帽经营者的作品既古怪异常又深受众多著名女装品牌和贵族的喜爱。

没有什么能阻止菲利普成为时装界的一部分。1967年出生于爱尔兰西部小村庄的他，成长于一个有七个兄妹的家庭。上学时，他学习了五年的手工劳动：原则上男孩学习木工的基础知识，女孩则学习缝纫，但菲利普却更想玩玩针头线脑而不是什么锯子。老师决定不勉强他，从此他便确定了自己的志向。菲利普继续他对时装的学习，并对帽子有着强烈的兴趣。当他在巴黎遇到卡尔·拉格菲尔德时才23岁，卡尔为香奈尔商行向他预定了一个系列的帽子。他的作品是名副其实的疯狂造型创作，似乎是在挑战地心引力，并轻易地获得了成功。他和亚历山大·麦昆、瓦伦蒂诺甚至范思哲合作。众多名人，如莎拉·杰西卡·帕克、麦当娜和席琳·迪翁都佩戴过他的作品。毋庸置疑，贵族们才是他最忠实的粉丝。2011年4月，他为英国皇室设计了36顶帽子，其中评价最高的是碧翠丝公主所佩戴的那顶。

米娅·范·比克

www.formiadesign.com

现居美国的瑞典金银首饰加工者米娅·范·比克是位年轻的母亲，也正是母爱给予了她创作的翅膀。

她是瑞典最年轻的首饰设计师，为了成为艺术家和公司经理，毫不停歇地一边工作一边学习。于是米娅专门研究“定制”首饰，将客户的想法绘制出来并赋予生命。感性的米娅使有些陈旧的家族首饰再次焕发青春，这位年轻设计师将祖父母那代的戒指进行修理和改型并融入当代的审美。因为米娅深知，首饰首先是一件充满感情的礼物。当这位年轻姑娘在一次纽约之行遇到令他倾心的荷兰帅哥时，她的事业已经小有起步了。但她还是离开了自己的故乡，来到了沙洛兹维定居。幸福的爱情并未令她忘记自己的第一爱好，正相反，它滋养着她的工作。一天，女儿从幼儿园给她带回了漂亮的画。怎样才能将这些短暂又可爱的纸上珍宝变成永恒的原创纪念呢？当然不是简单地用磁铁粘贴在冰箱门上。为了树立这位小作者的自信心、自豪感，米娅决定以这些儿童画为基础，制作表面镀银但颇具调皮感的首饰，如大头娃娃、猫、公主、消防车、花朵和恐龙等等，米娅将它们制成项链、手镯、戒指和耳环。这位作品奇特的新晋艺术家，有朝一日可能会成为21世纪的毕加索或达利。

El tor Logo
El tor Logo
El tor Logo
Lovie
Lovie

娜娜·范·布拉德恩

nannavanblaaderen.com

娜娜·范·布拉德恩还是一位小姑娘时，就深深地被服装和设计所吸引了。伴着一针一线，这位年轻的荷兰小姑娘成为了针织女皇。

对大多数人而言，针织是祖母时代的服装特征，就像拖鞋一样性感。而在几年前，针织却退出了历史舞台。因有了娜娜，才让人不再计较萘的臭味：这是一股吹在针织衫上的现代新风！经过在鹿特丹对时装设计的学习，这位年轻姑娘在针织创作中发现了一种充满无限创造力的材质。在她手中，没有针织衫、没有裙子、没有马甲，娜娜不编织服装，她只创作那些如同活生生的雕塑般穿在身上的作品。在她的系列“或多或少”或“种类”中，娜娜不断变换着特大号作品的造型和体量，这些特大号作品会揭去部分体形上的面纱。我们将自己置身于一个巨型的黑色保护层或是一段断裂的白色超长束发带之中，后者就像蛇一样缠绕在身上，而我们也自得其乐。娜娜通常是从自然或者动物世界中汲取灵感。她的“豹”结构是这位年轻设计师建议的皮毛替代品，造型粗糙而材质柔和，娜娜形态优美的作品却总是反差强烈。她的作品获得了众多时尚大品牌的关注，而她也曾和马丁·马吉拉有过合作。

伊西丝·范·赫本

www.irisvanherpen.com

在某些人看来，她是马丁·马吉拉和亚历山大·麦昆的精神之女。年仅28岁的伊西丝·范·赫本对时装设计的要求不仅技术要高，而且要做到精益求精。

是否由于曾经接受过建筑学的培训，所以伊西丝的作品都如此优美和精彩？因其概念化、强硬和极度创新的作品，这位年轻的荷兰人是近年来在时装界崭露头角的设计师之一。不要寄希望于她去创立那些受约束的商业品牌，伊西丝更倾向于探索那些各种形式的创作，虽然这也许是一条蜿蜒曲折之路，但这令她比起一般的时装设计师更像是一位造型艺术家。年轻的姑娘熟练掌握了数字技术和三维技术，毫不犹豫地将其融合在了各种材质之上：木质、有机玻璃、罗多依德（一种醋酸纤维塑料物质）、皮革、金属都是她最喜爱的原料。为了使作品复杂有思想，剪裁经常是朴素、简短的。当伊西丝创作一个灵感来源于水的系列时，吸引她的是水分子结构的复杂性。有时，往往是那些奇特的创作走上领奖台：半昆虫半人的女模特穿着聚酰胺制成的甲壳裙，脚踩吸血鬼牙齿造型的骇人鞋子……这些疯狂的作品，已经找到了它们的代言人，女歌手比约克无条件地支持该品牌，Lady Gaga和米拉·乔沃维奇亦是如此。

费尔南达·山本

www. fernandayamamoto.com

出生于日本的巴西人费尔南达·山本是新一代设计师的领军人物之一。富于创造性且要求严格的她，将脚上的创作放到了头上！

费尔南达是位新时代年轻女性，决不首先投身于头部造型之中。30多岁的费尔南达，风华正茂，绝不仅仅是设计证书和培训——尤其是在CK的经历——简单积累，还曾在贸易学校学习过。她既是一位公司经理，同时还是一位要求严格富有创造力的设计师！深受出生地（日本）的影响，费尔南达喜爱几何图形，用折纸方式对其进行处理，剪裁极具结构性，表面简洁。她使用的材质多种多样：从卢勒克斯（金银沙）到毛毡，从尼龙到塑料。而这位巴西设计师的创作才华在她个人秀上格外令人瞩目。那些身材高挑的模特站立在T台上，都佩戴着由丙烯酸树脂制成的惊人帽子，而那些帽子仿佛是被魔法固定住了。在科技版中有时会加入自然化的设计，比如那些仿佛刚从一棵不朽之树上飘落的秋叶造型的帽子佳作，就是为了佩戴在那些优雅之人的头上的。费尔南达已在几年间成功实现扬名巴西及国际时尚界：演员黛米·摩尔和富二代帕丽斯·希尔顿都已是她无条件的粉丝了。

图片出处

10-11：茹艾勒·安德鲁；13：摄影-丽·凯莉，造型-康宏武久，模特-瑞贝卡·格罗佛；14：摄影-摩根·怀特，造型-金·豪厄尔斯，模特-露西·阿特金森；15：摄影-丽·凯莉，造型-康宏武久，模特-瑞贝卡·格罗佛；16-17玛利亚·克里斯蒂娜·贝鲁奇；18：玛利亚·布莱斯；19-21：安娜·比可；22-24瑞·法里亚；25：兰姆·舍尔吉勒；26-27：安德鲁·布莱德利；28-29：摄影-考乐姆·奥尔德林·史密斯，造型-梅丹尼尔，模特-黄皆晨；30: 摄影-艾德里安·威尔逊；33-35：皮特·斯察兹；36-39：摄影-阿顿·康拉德，造型-嘉尼·格鲁及马修·莱德劳，发型-简·朴雷兹米克，化妆-阮友麟，金发模特：贾斯敏·布伦纳/第一模特经纪公司，棕发模特：海伦娜·玛格/第一模特经纪公司；40-41：维多利亚·孔特雷拉斯·弗洛勒斯；42：摄影-萨莉娜·范·埃森，模特-雅娜；43-44时尚-多丽丝·德·鲁德，摄影-迈克尔·丹科尔，发型及化妆-夏洛特·迈赫，模特-杰米；45：摄影-萨莉娜·范·埃森，模特-雅娜；46：设计-玛阿提·迪科斯彻，摄影-罗伯特·卢那可，化妆-尼克尔·布克，模特-劳拉；47：摄影-伊戈尔·克鲁特，模特-梅瑞狄斯·特霍夫特/Only Models经纪公司，化妆-乔伊斯·柯恩；48：摄影-伊戈尔·克鲁特，模特-凯莉·麦格尼，化妆-戴莉安·图玛，发型-安娜贝儿·斯莫；49：摄影-卡琳娜·赫斯珀，模特-阿妮卡·艾斯烁特及乐天·凯瑟，化妆-乔伊斯·柯恩；摄影-伊戈尔·克鲁特，模特-梅瑞狄斯·特霍夫特/Only Models经纪公司，化妆-乔伊斯·柯恩；50-51：杰尼斯·福禄培尔；52-57：查理·弗莱贝格；58-59：阿利斯·佩雷斯奇；60-61走秀中的克里斯·莫尔；63-65娜塔莉亚·戈门索罗；66：莉斯贝思·霍尔顿；67：安妮·诺达希；68-69：朱利安·哈克斯；70克里斯托弗·莫尔；71：路易斯·布洛姆菲尔德；72-73佳里·哈维；75：发型-安迪·辛特雷格，摄影-克里斯·鲍姆，化妆-科瑞恩·葛布维斯基；76-77: 发型-安迪·辛特雷格“蓝色TiT”，摄影-猫与鸭工作室；78-81：道格·雅普；82-83: 间仲宇；84-85：凯里·霍蕾；87-89：迈克尔·孙；91-93：摄影-哈帕·禾德，萨嘎·西于尔扎多蒂，索雷·鲍里斯多蒂；95-97：设计-迈克尔·堪佩，摄影-露西·麦克雷；99-101：永濑沙世；103：造型-尼克拉·弗米切提，摄影-艾迪·斯理曼；104-107：穠二小岛；109：科斯托维思科、阿凯莉、科希吉特；110-111：玛丽·拉扎尔；113-115: 罗宾·莱塞及爱德丽安·鲍；116：左伊·希钦；117劳伦特·菲利普；118：凯撒·塞加拉；120-123：莎·本-以法莲；124：劳伦·都克；125：约翰尼·弗格；126-127：吉玛·佛莱明；128-131: 露西·麦克雷；133：伊娃·克洛伊·瓦扎卡；135：摄影-马克·索维利，化妆-娜塔莎·马尔杰维克，发型-妮娜·布克维奇-布登及都瑞德维奇，模特-优玛；136-137：克里斯托弗·达戴；139：折纸首饰；140-141：能登夫妻；142-145：汤姆·豪瑟；146-149：凯瑟琳·隆美尔；151-153：盖帝；154-155：皮特·史勒；156-157：迈克尔·祖特尔；158-159：朱丽叶·赦斯；160：2009年6月《Stlye H》，编辑朴秀彬，摄影欧桑孙；161-162:2010年1月《Vogue》韩国版，摄影-Hyea W. Kang，艺术家-朴胜模，设计-苏英姬；163：2010年9月《瑞典大厦》，摄影-石弘光，设计-泽纳·艾斯梅尔，发型和化妆-格雷格·文塞尔，模特-米歇尔·巴斯维尔，纽约玛丽莲事务所；164：凯文·辛克莱尔；165:2009年4月韩国版《芭莎》，摄影-李承烨；166-167：摄影-桑达·马斯曼，设计-安·斯托克，模特-札左伊及妮娜，化妆-萨布里娜·迪克曼及札瑞·阿龙；168-169：摄影-桑达·马斯曼，设计-安·斯托克，模特-札左伊及妮娜，化妆-萨布里娜·迪克曼及札瑞·阿龙；170-173：布鲁斯·罗宾森；174-177：菲利普·崔西高级定制；179：米娅·范·比克；181-182: 巴勃罗·德尔福，模特-沙玛·奥滕X蛋糕事务所；183: 娜娜·范·布拉德恩；185-187：盖帝；188-191:Fotosite